Autobiographie

Ambre Algeri

MES 20 SECRETS
POUR (ENFIN)
Mincir avec Plaisir

PETITPOIDSGOURMAND.FR

Félicitations !

Hello Petit Poids Gourmand!

Je te souhaite la bienvenue dans mon monde, celui ou la gourmandise et l'équilibre font bon ménage!

Je m'appelle Ambre, je suis une maman trentenaire et depuis 2015 et je m'adresse à toutes les femmes qui ont déjà essayé plein de régimes qui ne fonctionnent pas, à celles qui en ont marre de se torturer, et qui veulent mincir:

Facilement
Sans Frustration
Sans rien compter

De plus en plus sollicitée par mes lectrices, j'ai créé ce livre pour que tu atteignes ton objectif de façon naturelle, sans t'affamer et surtout sans gélules miracles et autres poudres de Perlimpinpin (je suis archi contre!!) avec un vrai rééquilibrage alimentaire.

Je suis passionnée de cuisine légère et gourmande car 80 % de la réussite se passent dans l'assiette, il est donc nécessaire de varier ton alimentation mais surtout de prendre plaisir à manger!

Non au poisson grillé et légumes vapeur tous les jours!

J'ai personnellement perdu 22 kg en 9 mois sainement et en me faisant vraiment plaisir une fois par semaine lors de mon Cheat Meal adoré (repas plaisir), où je mangeais tout ce qui me faisait envie, sans compter, ni peser et où je profitais simplement du moment présent! C'est très important dans la réussite d'un rééquilibrage alimentaire sain afin de ne pas être frustrée et donc d'éviter les craquages.

J'ai regroupé dans ce livre absolument TOUT ce qui m'a permis de perdre du poids sereinement, d'arrêter de me mettre la pression, de retrouver un corps harmonieux, de reprendre une relation saine avec la nourriture et surtout d'aimer l'image que me renvoie le miroir!

Ma philosophie est de faire rimer Mincir avec Plaisir! Je suis une inconditionnelle gourmande et la preuve vivante que c'est possible… tout est question d'équilibre!
PRISE DE CONSCIENCE ET DECISION

Ton succès n'est qu'à un pas!

Affectueusement,

Ambre

Table des matières

Prise de conscience et décision 5

Je trouve ma motivation 7

J'arrête les « cochonneries » 9

Je fais mes courses intelligemment 11

Les aliments de base à avoir 12

Je comprends l'importance de cuisiner 14

J'anticipe mes recettes 15

Je goûte 17

Je change mes (mauvaises) habitudes 19

Je me bouge 21

Je bois de l'eau 23

Je ne saute pas de repas 24

Je ne grignote pas 25

Je me méfie des « faux amis » 27

Je limite le sucre 28

Je n'en fais pas une obsession 29

J'accepte de mincir doucement mais sûrement 31

Je gère les moments où ma motivation me lâche 33

Je déculpabilise d'avoir craqué 35

Enfin je me fais plaisir 36

Je savoure ma victoire 38

Liste des courses 39

Une journée dans mon assiette 40

Prise de conscience et décision

« Gardez toujours à l'esprit que votre propre décision de réussir est plus importante que n'importe quoi d'autre. »

Abraham Lincoln

La prise de conscience est l'étape la plus douloureuse dans le processus de perte de poids.

C'est humain...on a la capacité d'occulter ce qu'on ne veut pas voir!

Quand cela touche quelque chose d'aussi sensible que l'apparence physique, on peut passer des mois (voire des années) à se voiler la face tout en culpabilisant de ne rien faire pour changer les choses, pour enfin retrouver un corps dans lequel on se sent bien et dans lequel on se sent belle!

Lorsque j'avais 22 kg en trop, inutile de te dire à quel point je détestais l'image que me renvoyait le miroir... Je sais ce qu'on ressent quand on fait l'effort d'aller dans un magasin de vêtements pour s'habiller et qu'on ne rentre même pas dans les habits (difficilement) choisis!

Mais de ce désespoir est née la décision de changer les choses et de redevenir maître de mon corps au lieu de le subir...le changement était amorcé!

A partir d'aujourd'hui, arrête de remettre à demain ta décision de changer les choses, de te reprendre en mains et fais de ta perte de poids et de ton bien être...

Tes priorités !

Je vois venir les objections (dont je me servais aussi, je te rassure)

- *« Je n'ai pas le temps »*

Essaie de te libérer du temps pour ce qui est important pour toi

- *« Je ne sais pas par quoi commencer »*

Justement, j'ai réunis dans ce livre toutes les étapes qui m'ont aidé

- *« J'ai une vie de famille »*

Un mode de vie sain est bénéfique pour toute la famille justement!

- *« Cela coûte trop cher de bien manger »*

Il est vrai que cela à un coût, mais essaye d'être vraiment honnête avec toi-même et calcule le budget que tu mets peut être dans des choses mauvaises pour ta perte de poids et ta santé (chips/Nutella/plats industriels..) et essaie de mettre cet argent dans l'achat de produits sains (fruits/légumes etc...) tu verras que ça coûte sensiblement la même chose!

On a du temps et de l'énergie pour ce qui nous motive vraiment...

Je t'invite à trouver quelle est TA motivation... pas celle de ta copine/voisine/collègue mais la tienne, qui te servira de moteur tout au long de ton rééquilibrage.

Dans tes moments de doute ou de démotivation (et oui, il y en aura car on n'est pas des robots!), c'est ta motivation qui te donnera envie de continuer et de ne pas baisser les bras

C'est la somme des petites choses que tu vas mettre en place qui va faire que tu vas réussir à Mincir avec Plaisir et sans reprendre tes kilos si tu fais de ces petites choses d'agréables habitudes quotidiennes (bénéfiques pour toute la famille en plus!)

Je trouve ma motivation

Comment te motiver à perdre du poids ?

Je vais te dire une vérité...Tu dois être prête psychologiquement !

Plutôt que de te concentrer sur tes complexes, pose-toi les vraies questions :

1. Quelle est ma motivation pour suivre un rééquilibrage alimentaire ?

Je ne vais pas te le cacher, il faut pas mal d'énergie pour rééquilibrer son alimentation. Les habituées des régimes le savent car le plus souvent la vraie motivation manque car l'intention de changer est bonne, mais n'est souvent suivie d'aucune action !

Il est difficile de résister à la tentation, alors c'est pourquoi il faut te préparer mentalement à vaincre les obstacles qui se mettront sur ta route (et oui, parce qu'il y en aura...mais quelle fierté de réussir !)

2. Quand aurai-je le « déclic » pour m'y mettre ?

Tu ne peux pas attendre indéfiniment que la motivation vienne pour perdre du poids car c'est à toi de te la donner...elle ne vient malheureusement pas seule !

Comme pour tout ce que tu veux entreprendre tu vas avoir besoin de volonté, d'un soupçon d'organisation, d'une pincée de constance et de te dire

« J'ai décidé de commencer mon rééquilibrage je peux le faire et je le fais maintenant ! »

Je pense que tu as déjà dû passer un temps fou à chercher des informations sur la perte de poids, alors maintenant je t'invite à trouver un moyen de le faire, de commencer réellement et de réfléchir comment inclure plus d'activité physique dans ton quotidien (parce que tu le sais bien, ce sont les deux seules véritables solutions saines qui marchent sur le long terme)

Plus tu attends = Plus les kilos s'installent !

3. Donne-toi un objectif réaliste

« Je veux perdre 10 kg en 1 mois » n'est PAS quelque chose de réaliste ni de conseillé d'ailleurs ! Vas-y progressivement en te donnant des paliers suivant le nombre de kilos que tu souhaites perdre, puis offre-toi une récompense lorsque tu atteindras ce palier

(pas de récompense alimentaire bien sûr mais plutôt quelque chose qui te fait plaisir et qui te fait du bien ex : un livre, une manucure, un massage, etc.))

4. Arrête de t'écouter et fonce !

Le plus dur est et sera toujours de te lancer !

Pour bouger, ne serait-ce que d'intégrer la marche rapide dans ton quotidien, c'est le top et cela aura énormément d'effet sur ta perte de poids et sur ta forme

(je l'ai moi-même fait et c'est beaucoup grâce à elle que j'ai perdu mes 22kg en complément de vélo elliptique)

5. Commence par des petits changements

Il y a des personnes qui vont réussir à faire tout ce que je te conseille dans ce livre en même temps (et c'est le top car tu serais sûre de perdre sainement et rapidement) mais tu peux y aller doucement aussi si tu ne te sens pas prête à tout changer d'un coup : en commençant par exemple par rééquilibrer ton alimentation avant de rajouter de l'activité physique doucement jusqu'à ce que tu trouves ce qui fonctionne pour toi !

J'arrête les « cochonneries »

Eh eh... Je vois la difficulté dans tes yeux !

Mais oui, c'est l'étape indispensable pour bien commencer ton rééquilibrage alimentaire...parce qu'on ne va pas se voiler la face, avoir un placard à biscuits / chocolat / bonbons etc...n'est pas compatible avec la volonté de prendre de nouvelles bonnes habitudes alimentaires !

Voici quelques objections que tu pourrais avoir :

« Mais j'ai des enfants, je ne vais pas les mettre au régime ! »

Je pense qu'au fond de toi tu sais que c'est un faux argument et plutôt une excuse, car ce n'est pas les mettre au régime que de ne pas avoir de ces cochonneries à la maison, à disposition ; mais au contraire prendre soin de leur santé et de leurs futures bonnes habitudes alimentaires.

Cela ne t'empêche pas de leur pâtisser de vrais gâteaux pour le goûter ou même (de temps en temps !) de leur faire de la pâte à tartiner maison qui sera bien meilleure pour tout le monde

(Par contre, tu peux profiter des sorties en famille pour leur faire plaisir mais ponctuellement, ils les apprécieront d'autant plus)

« J'ai un gros mangeur à la maison, il va avoir faim ! »

Toute la famille mange pareil, inutile (et pas possible à tenir sur le long terme) de faire plusieurs menus !

Les recettes légères peuvent quand même être gourmandes (voir toutes celles que je propose) et ceux qui le souhaitent peuvent très bien se rajouter un peu de féculents, ou pain, ou fromage etc...

Je récapitule donc :

- Je t'invite à virer les (ou les) paquets de Kinder qui traînent

(tiens, ils seront parfaits pour faire un gâteau au chocolat pour les enfants justement !)

- On vire aussi les sodas !

Car les calories vides qu'on boit sont même les pires...elles n'apportent absolument rien au corps et c'est vraiment une mauvaise habitude !

Même le Coca Zéro doit être consommé avec modération...déjà parce que c'est bourré de produits chimiques (édulcorants, conservateurs, arômes, etc.) mais surtout parce que ça maintient ton addiction au sucre et c'est aussi une mauvaise habitude alimentaire

- Je te conseille de garder les chips /apéros /cacahuètes /charcuteries, etc.) pour ton repas plaisir de la semaine tu les apprécieras bien plus !

(voir chapitre sur le Cheat Meal)

L'idée est de supprimer ce qui nuit à ton équilibre nutritionnel, tout en continuant à te faire plaisir quand même car c'est le moteur de ton rééquilibrage !

PAS DE PLAISIR = FRUSTRATION = CRAQUAGE ASSURE

Exemple :

Continue à utiliser de la crème dans tes plats (tu te souviens...Non au poisson grillé et brocolis vapeur tous les jours !) mais celle à seulement 4% de matières grasses, du fromage râpé mais en plus petite quantité...comme ça pas de frustrations !

Tu me suis ?

Alors on continue !

Je fais mes courses intelligemment

Parce que 80% de tes résultats se passent dans ton assiette, la première des étapes est bien celle des courses!

Tu l'auras compris, fini les rayons de biscuits ou de plats industriels tout prêts et plein de produits chimiques comme de vilaines calories!
Essaye de prendre un maximum de produits frais (mais conserves et surgelés ça marche aussi!)

IMPORTANT

Toujours faire tes courses le ventre plein avec ta liste (comme ça tu n'es pas tentée d'acheter ce que tu n'avais pas prévu)

Maintien addiction au sucre favorise les aliments les plus bruts et basiques car ce sont les meilleurs pour ta santé et ta ligne!

Fruits et légumes à Gogo!
Fais-toi plaisir en privilégiant ceux de saison qui ont bien plus de goût et qui doivent compter pour la moitié de ton assiette (légumes)

De l'eau, de l'eau et de l'eau!
Minimum 1,5 litres par jour pour évacuer les toxines, hydrater ton corps, et participer à ta satiété!

SODAS = CHIMIQUE + SUCRE

bourrés d'édulcorants Maintien mauvaises habitudes te calories inutiles

Des protéines de toutes sortes: viandes, poissons, œufs, légumineuses, protéines végétales, oléagineux, noix, etc. pour varier ton alimentation et ne pas te lasser!

Les aliments de base à avoir

Conserves

Haricots verts, lentilles, petits pois, maïs...aucun souci !

Vérifie simplement qu'ils ne contiennent pas de sucre ajouté (ex : fruits en conserve) et bien sûr on oublie les plats préparés comme gratin dauphinois ou raviolis !

Surgelés

Viande, poissons, légumes, fruits...tout est permis !

Comme pour les conserves, n'achète que des aliments non transformés, pas de préparation toute faite (ex : poêlée, etc.)

Céréales

Flocons d'avoine, farine semi-complète (ou même farine d'avoine), muesli, etc. pour agrémenter son fromage blanc par exemple

Féculents

Pommes de terre, riz, pâtes, semoule etc... les féculents complets sont recommandés car ils aident à une meilleure satiété, améliorent le transit et aident à avoir une énergie régulière sur la journée (si tu ne les aimes pas complets, prends les normaux mais attention aux quantités !)

Charcuterie

Blanc de dinde ou de poulet, jambon, bacon, chorizo sont tes amis mais oublie ceux qui sont trop gras (ex : rillettes, pâtés, etc.) et garde-les pour ton Cheat Meal

Sucres

Miel, Stévia, sirop d'agave, ou même sucre non raffiné type Muscovado

Produits Laitiers

Fromage blanc 3%MG ou Skyr, yaourts nature (les veloutés sont fait à partir de crème), fromages (prends ceux que tu aimes les allégés n'ont aucune utilité), beurres doux et demi-sel non allégés.

Je comprends l'importance de cuisiner

Tu travailles beaucoup et donc tu manques de temps et d'envie de faire la cuisine… résultat : tu rentres tard, tu as faim et tu te jettes sur ce que tu trouves ! (ça m'est arrivé aussi)

Ces petites fringales, ajoutées à d'autres automatismes que tu peux avoir dans la journée : (une barre chocolatée dans le distributeur parce que tu as faim dans l'après-midi, une viennoiserie offerte par les collègues…) font monter les chiffres sur la balance…

On l'a vu, faire des courses équilibrées est le point de départ puisque c'est toi qui auras choisi des aliments qui te font envie, tu n'as plus qu'à trouver des recettes pour les cuisiner et les apprécier !

Pour arriver à mincir, le secret est de suivre tes envies pour cuisiner. Bien sûr que tu peux perdre des kilos en cuisinant des lasagnes, des gratins et même des desserts ! Il faut faire attention aux quantités et alléger les recettes tout en gardant la gourmandise et le plaisir.

Tu trouveras le plaisir de manger si tu cuisines ce qui te fait envie !

Aujourd'hui tu as accès à plein de recettes légères notamment sur mon site… Je t'invite à piocher dedans et essaye ce qui te fait envie, varie, teste de nouveaux moyens de cuisson, amuse-toi !

Le principal étant de te faire plaisir en mangeant ce que tu aimes mais en le cuisinant de façon à ce que ça s'intègre dans ton rééquilibrage alimentaire…

Sinon, bonjour la frustration !!

Et les craquages assurés…voire même l'abandon, alors relève tes manches et prends le temps de choisir ce que tu vas manger !

J'anticipe mes recettes

Cela peut te sembler un peu fastidieux, mais c'est un super outil pour avoir tes repas de la semaine déjà prévus et un gain de temps énorme puisque tu n'as plus à te demander ce que tu vas faire à manger (et ne pas sortir des clous!)

Prends le temps de le faire...pose-toi confortablement et pioche parmi les nombreuses recettes que je mets à ta disposition pour établir ton menu (site, livre, CLUB PPG VIP...) tu verras que tu vas y prendre goût!

Pour que ton corps obtienne tous les nutriments dont il a besoin, ton assiette idéale doit se composer ainsi:

L'ASSIETTE IDEALE

1/4 Protéines

1/2 Légumes

1/4 Féculents

LE SECRET:
VARIER AU MAXIMUM TES ALIMENTS POUR NE PAS TE LASSER

FECULENTS

A TOUS LES REPAS ! Oui oui…même au dîner! Ils te fournissent l'énergie dont ton corps à besoin (sucres lents) et te permettent d'être rassasiée et donc d'éviter les fringales! Ce sont les pâtes, pommes de terre, riz, légumineuses, boulghour, polenta, quinoa, etc…et le pain bien sûr (mais privilégie plutôt les autres féculents car il ne rassasie pas selon moi)

PROTEINES

Ce sont les viandes, poissons, œufs, protéines végétales etc…elles sont nécessaires pour nourrir tes muscles et te permettent d'être rassasiée. Attention à ne pas tomber dans le piège de certains « régimes miracles » qui invitent à se bourrer de protéines et sont très dangereux car cela abîme tes reins de manière irrévocable…à fuir!

LEGUMES

Crus, cuits, à la vapeur, en gratin, à la poêle ou intégrés dans tes plats… Si tu n'as pas l'habitude d'en manger, je te conseille de choisir ceux que tu pourrais aimer et de t'amuser à les intégrer à tes recettes de façon à les apprivoiser…sinon en soupe à volonté pour avoir ton quota! (sans féculents ni matières grasses)

MATIERES GRASSES

Elles sont nécessaires au bon fonctionnement de ton cerveau et de ton corps, et 1cs d'huile d'olive vierge suffit pour un plat de 4 personnes (ou 15g de beurre) N'oublie pas de consommer du « bon gras » ce sont : les poissons gras (ex : saumon), les noix, les oléagineux, etc. qui sont plein d'Oméga3 bon pour ta santé!

LEGUMINEUSES

Elles sont à consommer au moins 2x par semaine (dans l'idéal). Variez les plaisirs en alternant pois chiches, pois cassés, lentilles, haricots rouges, etc…

Je goûte

Oui oui...comme les enfants! Mais pas de Petits Ecoliers ou de pâtisseries comme tu dois t'en douter!

La collation de l'après-midi peut, et même doit selon moi, faire partie intégrale de ton rééquilibrage car elle aide le corps à maintenir l'énergie nécessaire pour les activités de la journée mais surtout à ne pas être tentée de grignoter si tu arrives affamée à l'heure du dîner!

PAS DE COLLATION=MINCIR PLUS VITE

FAUX!

C'est une erreur de penser que t'en passer te fera perdre du poids plus vite car il y a de grandes chances pour que tu manges plus au dîner (sans parler du risque de grignotages intempestifs).

Malheureusement, le goûter est souvent synonyme de biscuits et autres douceurs car il est tentant de se tourner vers ces produits faciles et accessibles...mais ils sont beaucoup trop riches en sucres, graisses et autres produits chimiques qui engendrent une trop grande quantité de calories vides.

Le sucre appelle le sucre, tu auras envie d'en manger toujours plus...!!

Alors au-delà de la prise de poids inévitable, ces produits sont néfastes pour ta santé...

Mais alors, de quoi le goûter (collation) doit-il être composé ? Je te répondrai que ça dépend de toi, de ton appétit et de ce que tu aimes !

Quelques exemples :

- 1 fruit + 1 yaourt nature (ou fromage blanc) + noix ou Muesli
- 1 bowlcake au choix (ou 1 part d'autre pâtisserie légère maison)
- 1 milkshake complet (lait + fruit + flocons d'avoine)
- 2 tranches de pain complet + fromage frais + blanc de dinde

Ou n'importe quelle recette Petit Poi(d)s Gourmand

L'idée est de le composer sainement, c'est à dire :

- Un laitage (et /ou protéines)
- Un fruit (tu peux le garder pour plus tard)
- Un féculent ou oléagineux (noix)
- Infusion à volonté

Encore une fois, c'est à toi de voir ce qui te convient et d'adapter ta collation en fonction de ton envie... il faut en faire un moment agréable et réconfortant ! Comme pour les repas, l'important est d'avoir toujours une base d'aliments sains et variés que ce soit dans les placards ou le frigo pour éviter la tentation.

Maintenant, si tu ne ressens pas le besoin de faire de collation l'après-midi et que tu arrives sereinement au dîner tu n'es pas du tout obligée d'en prendre une !

Je change mes (mauvaises) habitudes

C'est ton alimentation qui a la plus grande influence sur ta santé et surtout sur ton tour de taille! Voici ce qui peut t'empêcher de mincir:

Évite la friture

Tu peux cuire à la poêle, au four, à la vapeur, au grill...

friture maximum une seule fois par semaine!

A arrêter complètement à la maison

Les bonbons / gâteaux / biscuits / préparations industrielles sucrées ou salées / sodas.

Je t'invite vraiment à réserver ces aliments à des occasions spéciales (Cheat Meal, anniversaires, invitations etc...) et en aucun cas ne doivent faire partie de ton alimentation normale car en plus d'être bourrés de calories ils sont surtout mauvais pour ta santé et tes habitudes alimentaires.

Évite les grignotages entre les repas

Surtout qu'en général ce sont des aliments riches en calories inutiles...

Si tes repas sont bien équilibrés et assez copieux et que tu bois suffisamment d''eau entre les repas tu ne devrais pas avoir faim

GRIGNOTAGE=ENNUI!

Je te conseille de te poser les question suivantes :

«Est-ce de la faim ?
de la soif ?
de l'ennui ?
ou même la réponse à une anxiété ?

C'est en identifiant ton émotion que tu pourras trouver des réponses et parvenir à changer cette habitude...

Je récapitule :

- Mange équilibré et en quantités suffisantes aux repas
- Bois au minimum 1.5 litres d'eau par jour
- Occupe-toi autrement qu'en mangeant
- Trouve une activité physique qui te plaît dans ton quotidien

Ne saute pas de repas

Tu penses économiser des calories en sautant un repas...?

C'est une mauvaise idée car tu vas arriver affamée au repas suivant et tu mangeras bien plus que ce qu'il faut donc c'est un mauvais calcul !

De même que ne pas manger suffisamment te fera stocker au lieu de perdre car le corps est ainsi fait qu'il se met en mode famine s'il n'a pas ce qu'il lui faut

Bouge

On le sait, la vie sédentaire favorise les problèmes de poids alors il faut bouger...à ton rythme et selon tes capacités, mais il faut le faire !

N'achète pas uniquement des produits « light »

Car peu ou pas de calories nous incite à en manger plus qu'il n'en faut...

> **INFO :** Quand on saute un repas, 23% des calories du repas suivant sont stockées directement sous forme de graisses par le corps qui se met en mode « famine »

Je me bouge

Ah ah je sais que je rentre dans le vif du sujet qui peut faire peur...le sport, ou comme je préfère l'appeler : l'activité physique

Je ne vais pas te mentir, pour perdre du poids il n'y a que deux solutions saines et durables, pour y parvenir il faut jouer sur les 2 tableaux :

ALIMENTATION EQUILIBREE ET ACTIVITE PHYSIQUE

1. Se restreindre et /ou ne manger que très peu n'est pas faisable sur long terme et est dangereux pour ta santé

2. Faire énormément de sport sans faire attention à ce que tu manges sera contreproductif également

Le poids est la différence entre tes apports énergétiques (ce que tu manges et bois tous les jours) et tes dépenses énergétiques

La faille ? Aujourd'hui on ne fait plus assez d'activité physique par rapport à ce qu'on mange et cela engendre un stockage des graisses...la profusion alimentaire est partout tout autour de nous et tout est fait pour nous inciter à bouger le moins possible ! (Portable / TV)

L'activité physique, même si elle n'est pas l'ingrédient principal de la perte de poids, est essentielle !

30min / jour

Les avantages sont nombreux et ultra bénéfiques :

Améliore la satiété
Muscle remplaçant la graisse
Meilleure gestion des écarts
Augmentation des dépenses caloriques
Augmentation du métabolisme de base

Attention!

Se dépenser plus ne doit pas forcément dire manger plus, c'est complètement contre-productif...30min de sport modéré ne justifient pas de manger plus ni de boire des boissons énergétiques qui viendraient ruiner tes efforts!

Je suis une adepte du meilleur sport du monde...le plus simple, accessible, gratuit et qu'on peut faire où on veut et quand on veut...la marche rapide!

Oui oui c'est tout bête mais extrêmement efficace! Accompagnée de cardio c'est parfait (cela m'a beaucoup aidé personnellement à perdre mes 22kg)

Mais n'importe quelle activité physique sera efficace du moment qu'elle est pratiquée avec plaisir et régularité!

Je te donne plein de petites astuces qui font une grande différence et qui sont super faciles à faire:

- Exit l'ascenseur, Les escaliers tu emprunteras!
- Une station ou deux de transports avant tu descendras et le trajet à pieds tu finiras!
- Pour les petits trajets ta voiture tu ne prendras pas!
- Sur une place de parking plus éloignée de ta destination tu te gareras et le reste à pieds tu feras!
- Promener, danser, jardiner...te bouger tu devras!
- De ta pause déjeuner, pour aller faire un tour de bon pas, tu profiteras!

Je bois de l'eau

On sous-estime trop souvent l'importance d'une bonne hydratation dans le processus de la perte de poids…et pourtant c'est une erreur car c'est tout aussi important que de bien dormir !

On perd environ 2, 5 litres d'eau par jour, il faut donc pallier à cette perte. Pendant ton rééquilibrage, il est essentiel d'assurer ta consommation d'eau car elle va te permettre d'éliminer plus facilement les graisses et les toxines.

C'est bien connu : il ne faut pas attendre d'avoir soif pour boire !

En effet, la sensation de soif est déjà un signe de déshydratation…tu dois boire souvent et en petites quantités. Pour y arriver, je te donne mon astuce : En dehors des infusions que tu peux boire à volonté, remplis tous les jours une grande bouteille d'eau, que ce soit à la maison ou au travail, et mets-la bien en évidence.

Le fait qu'elle soit sous tes yeux va te faire penser à boire beaucoup plus souvent… il te suffit de prendre quelques gorgées à chaque fois…et à la fin de la journée (bien souvent avant d'ailleurs) elle sera vide !

Voici mes astuces pour boire plus souvent :

- Emporte ta bouteille d'eau partout avec toi
- Trouve une bouteille (ou gourde) fun qui te plaît
- Méthode militaire : programme toi des alarmes régulières pour boire Pimp ton eau : Thés/ infusions / fais infuser des fruits frais dedans ou quelques gouttes de jus de citron…

Je ne saute pas de repas

Tu peux être tentée de sauter un repas pour mincir plus vite...mais c'est à éviter!
Tu penses que sauter un repas et/ou manger moins te fera perdre plus vite? Tu penses pouvoir manger plus du fait de cette économie de calories? Tu penses mincir plus vite en ne mangeant qu'un seul ou 2 repas?

Si tu réponds « OUI » à l'une de ces questions, lis la suite!

Il faut savoir que ton métabolisme ralentit quand tu décides de sauter un repas.
Il a besoin de repas à intervalles réguliers pour fonctionner normalement. S'il fonctionne au ralenti, ton métabolisme va devenir lent, « endormi », et au lieu de brûler la graisse il va l'emmagasiner 23% de ton prochain repas sera stocké sous forme de graisses!

3 repas principaux sont importants (plus une collation si tu en ressens le besoin)

Ils sont nécessaires pour que ton métabolisme fonctionne correctement et ils te permettent d'être rassasiée de façon continue et de ne pas te « gaver » au repas suivant...toujours en gardant

EQUILIBRE = 1/4 FECULENTS + 1/4 PROTEINES + 1/2 LEGUMES

Pour ne pas avoir faim, il faut que tu prépares tes repas et leurs accompagnements

Astuces:

- Prépare tes petits déjeuners la veille au soir
  Cela te prend peu de temps et comme je sais que c'est souvent la course le matin, là tu n'as plus qu'à prendre le temps de le savourer et partir du bon pied pour ta journée équilibrée!
- Prépare toi une liste de recettes à faire selon tes envies et ce que tu as comme ingrédients à la maison: Ouste la corvée de te demander quoi faire à manger (n'hésite pas à piocher sur mon site!)
- Accompagne toujours ton plat principal d'une entrée de légumes
- Crudités à volonté + 1cs de sauce salade ou Soupe ou légumes à volonté (sans matières grasses)
- Ajoute un yaourt ou 30g de fromage à la fin de ton repas (si tu en ressens le besoin) et / ou un fruit de ton choix

Je ne grignote pas

Tu as l'impression d'avoir tout le temps faim ?

Où tout le temps envie de manger sans avoir faim ?

On dirait bien que tu es accro au grignotage !

C'est aujourd'hui un vrai fléau, à cause de la profusion de nourriture disponible à tout moment autour de nous, mais je te rassure…

CA SE SOIGNE lol

Pendant l'après-midi, ou en rentrant du travail, tu as très envie de cette barre chocolatée ou de ce paquet de bonbons ?

C'est normal, car le sucre aide à lutter contre le stress, ce qui explique ton envie de grignotage compulsif !

Mais souvent, ces envies peuvent venir d'un manque d'apport nutritif au repas précédent…autrement dit, ton repas n'était peut-être pas assez équilibré et/ou pas assez copieux car c'est (malheureusement) le cas de beaucoup de personnes qui font un rééquilibrage alimentaire.

L'ennui, également, peut être confondu avec la faim…la solution :

Occupe-toi !
Sors !
Bouge !
Lis !
Danse !

Il faut apprendre à faire la différence entre la « vraie » faim et l'envie de manger.

VRAIE FAIM = FATIGUE + GARGOUILLIS

C'est mathématique, si tu n'as pas faim et que tu es suffisamment rassasiée, tu n'as pas envie de grignoter ! L'équilibre de ton alimentation est donc la clé

NE SURTOUT PAS ENLEVER LES FECULENTS !

Ni les bons glucides d'ailleurs…car ce sont eux qui te fournissent des sucres lents, et donnent de l'énergie et de la satiété en continu jusqu'au repas suivant

Dans l'idéal, tu as compris qu'il ne faut pas grignoter…mais si tu as vraiment faim alors fais-toi une collation saine qui te permettra de tenir sans ruiner tes efforts !

Mes astuces anti-grignotage :

- Faire un vrai petit déjeuner : apporte l'énergie pour toute la journée
- Boire beaucoup d'eau : plate, gazeuse, thés, infusions, etc.
- Mâcher un chewing-gum (sans sucres tant qu'à faire !)
- Prendre une vraie collation
- Toujours faire ses courses le ventre plein
- Avancer son heure de repas (pourquoi attendre si tu as faim à 19h ?)

Je me méfie des « faux amis »

Quand on veut perdre du poids, on à tendance à se tourner automatiquement vers les produits lights : 0%mg, allégés, etc…mais il faut savoir qu'il ne sont que peu bénéfiques et peuvent même être dangereux pour la santé !

- Produits allégés en sucre : il est bien sûr remplacé par de l'édulcorant (notamment aspartame) qui apporte très peu de calories et un fort goût sucré mais qui a des effets sur la santé
- Produits allégés en graisses : comme ce sont elles qui donnent de la consistance et du goût, pour pouvoir les supprimer les fabricants rajoutent des additifs non naturels et bourrés de produits chimiques…

**A UTILISER AVEC MODERATION
ON PRIVILEGIE LES ALIMENTS BRUTS CONSOMMES
EN PLUS PETITE QUANTITE**

Il a été prouvé scientifiquement que les produits « lights » augmenteraient l'appétit en te poussant à manger plus et à te lâcher car ils déculpabilisent…Tu finis donc par en manger de plus grandes quantités en pensant que tu ne risques pas de grossir, mais c'est l'inverse qui se produit !

Tu ne dois pas complètement supprimer le sucre et le gras de ton alimentation car ils sont indispensables au bon fonctionnement de ton corps et de ton cerveau, mais tout est question de qualité et de quantité ! Apprends la modération, c'est la clé du succès.

Je limite le sucre

Le sucre apporte de la texture aux plats, et comme le sel et les matières grasses, c'est un exhausteur de goût. Il a aussi et surtout un effet psychologique car il active le « centre du plaisir » situé dans ton cerveau, c'est le système de récompense.

La preuve : quand on se sent stressé, on a toutes tendance à avoir envie de se jeter sur du sucré car il nous fait du bien (sur le moment) et nous apaise !

Tu peux déjà essayer de t'en passer dans ta boisson chaude ou ton yaourt… si vraiment ce n'est pas possible alors utilise plutôt du sucre non raffiné (type Muscovado car il a un fort pouvoir sucrant donc tu en mets moins) ou bien de l'édulcorant naturel type Stévia.

Cuisiner des douceurs et pâtisseries « maison » est bien sûr le meilleur moyen de contrôler la quantité de sucre dans celles-ci ! Personnellement, je me suis habituée à manger moins sucré en commençant par diminuer de moitié les quantités de sucre indiquées dans les recettes, puis en trouvant la quantité qui me convient.

Tu dois garder le plaisir sucré, mais en en limitant la quantité et la fréquence car cela te permettra de ne pas te sentir frustrée et donc de ne pas faire de craquages compulsifs.

Évite aussi les jus de fruits vendus en supermarchés car ils sont bourrés de sucre justement, sans parler des additifs !

Les sodas sont vraiment à proscrire aussi car ils maintiennent l'addiction au très sucré, l'eau doit être ta seule boisson à table.

Mes astuces :

- Remplace les glaces par des sorbets qui sont à base d'eau
- Remplace les crèmes desserts par des yaourts
- Garde les pâtisseries et viennoiseries pour des occasions particulières (Cheat Meal, invitations, sorties…)
- Enlève toutes cochonneries industrielles de ton quotidien (biscuits/chocolat/bonbons, etc.) cela évite la tentation, le grignotage et le maintien des mauvaises habitudes alimentaire

Je n'en fais pas une obsession

Quand on démarre un rééquilibrage alimentaire pour perdre du poids, malheureusement cela vire souvent à l'obsession !

Tu ne penses qu'à ce poids que tu veux perdre, tu te pèses chaque jour et tu culpabilises à mort dès que tu fais un écart...

Alors que pour perdre du poids sainement et rester motivée il existe des solutions :

NE PAS TE PESER TOUS LES JOURS

Pourquoi te mettre une telle pression sur les épaules ??

Surtout quand tu sais que le poids fluctue sans cesse en raison des différents flux du corps (cycles, rétention d'eau, etc...)Au contraire, si tu vois que tes efforts ne paient pas tout de suite tu risques fort de te décourager voire même d'abandonner !

L'idéal c'est de te peser une seule fois par semaine, le matin à jeun et noter ton poids pour constater l'évolution...et savoir que le chiffre n'est qu'un chiffre sur la balance, ton poids de forme est celui avec lequel tu te sens bien et surtout qui est facile à maintenir !

S'AUTORISER A MANGER DU GRAS

Tu peux tout à fait rajouter une petite noisette de beurre dans tes pâtes sans pour autant ruiner ton rééquilibrage !

De même que consommer du « bon gras » est fortement conseillé. Ce sont les oléagineux (noix / purée ou beurre de noix, etc.), les poissons gras (saumon), les avocats, l'huile d'olive etc...on parle là du bon gras d'aliments sains (et pas du gras des chips hihi) mais attention aux quantités !

TRANSFORMER TON IMAGE PRENDRA DU TEMPS

C'est normal de faire des efforts, du sport (ou activité physique) et de vouloir que les résultats se voient tout de suite de manière spectaculaire dans le miroir…! Mais malheureuse ment ça ne marche pas comme ça…il faut un peu de temps avant de vraiment voir des changements sur son apparence, et ce temps dépend totalement de la motivation que tu mets à changer ton alimentation et à bouger!

NE TE COMPARE PAS AUX AUTRES, C'EST TOI L'IMPORTANT

Facile à dire…je sais!

Mais honnêtement, qu'est-ce que ça va t'apporter à part de ressentir un mal-être encore plus profond?

D'ailleurs, tu ne sais pas ce qui peut se cacher derrière cette apparente réussite… peut-être que la personne se prive à longueur de temps, peut-être qu'elle est malade, peut-être qu'elle a mis en place un programme qui lui réussit…

Il sera bien plus profitable que tu mettes cette belle énergie au service de TA perte de poids.

OCTROIE-TOI UN CHEAT MEAL (REPAS PLAISIR) PAR SEMAINE

Oui oui tu me connais je suis une adepte du Cheat Meal!

Un seul repas par semaine où tu peux t'autoriser tout ce qui te fait envie sans restriction, sans culpabilité, sans rien compter ni peser…vis et profite tout simplement du moment présent…il permet de relâcher la pression et de reprendre tranquillement l'équilibre au repas suivant!

J'accepte de mincir doucement mais sûrement

C'est, je crois, l'erreur Numéro 1 qu'on fait quand on décide de perdre du poids…vouloir aller vite et perdre en 1 mois ce qu'on a mis des années à prendre !

Bien sûr qu'il existe des régimes express hyper restrictifs qui te promettent de te faire perdre 10 kg en 1 mois…mais tout ce que tu vas perdre ce sont :

TES MUSCLES

TES NUTRIMENTS

TA JOIE DE VIVRE

TA VITALITE

Sans parler du fait que, bien évidemment, dès que tu arrêteras ce genre de régime (parce qu'un jour tu reprendras une alimentation normale oui oui), tous ces kilos perdus difficilement dans la torture reviendront au galop avec du bonus ! Parce que ton corps aura été privé il se mettra en mode stockage et parce que tu n'auras pas appris à manger équilibré tu ne pourras pas maintenir ce nouveau poids.

Il faut accepter l'idée d'y aller progressivement, avec idéalement une perte entre 500g et 1kg par semaine maximum (et pas toutes les semaines quelquefois !) Cela peut te paraître peu, mais ces kilos partiront pour de bon sans mettre ta santé en danger !

Le secret réside dans le fait de changer ton mode de vie en adoptant ce qui doit devenir tes nouvelles habitudes alimentaires…progressivement (ou d'un coup si tu te sens capable de le faire) :

Si tu as l'habitude de consommer des produits industriels (biscuits, chips, etc.), enlève les complètement de chez toi (c'est meilleur pour la santé de tout le monde) et prépare toi des collations ou douceurs saines

Tu te souviens, ton assiette doit être composée de

LEGUMES / PROTEINES / FECULENTS

Oui, même le soir, c'est important pour ne pas avoir de fringales et ne pas être affamée au petit déjeuner !

Je suis la preuve qu'on peut très bien mincir sans compter puisque j'ai perdu 22kg sans stress, en me faisant plaisir…Je trouve personnellement que de devoir compter chaque calorie de ce qu'on mange vire justement à l'obsession quand on veut perdre du poids !

Alors qu'il est tellement plus facile et agréable de manger sainement mais à sa faim sans se prendre la tête, se bouger et voir avec plaisir l'aiguille de la balance pencher dans le bon sens !

Je gère les moments où ma motivation me lâche

Tu l'auras compris, la motivation est la clé d'un rééquilibrage alimentaire réussi et la base de tout ce que tu entreprends pour perdre du poids...que ce soit ce que tu mets dans ton assiette, ce que tu fais pour bouger plus et surtout continuer sur le long terme pour rester en bonne santé et maintenir le poids perdu !

Tant que tu gardes ta motivation, tu avances et te rapproches de ton objectif, mais c'est sûr que ce n'est pas facile de la garder au beau fixe pendant 3 mois, 6 mois voire 1 an...pourtant c'est la capacité que tu auras à faire des efforts de manière constante qui déterminera ta réussite !

Peut-être que tu as tendance, comme beaucoup, à regarder avec envie ces filles que tu trouves jolies, minces et en te disant qu'elles ont de la

chance...alors que la chance n'a rien à voir là-dedans ! Pour une minorité leur minceur est naturelle, mais pour la grande majorité ce sont des mois voire des années de travail autant au niveau alimentaire que sportif...elles ont une motivation et ne l'ont pas lâchée !

Ce qui m'a beaucoup aidé lorsque j'étais en perte de poids était de me dire que ce qui compte est : tous les petits efforts que j'ai fait dans la journée

FAIRE DE TON MIEUX CHAQUE JOUR ET RECOMMENCER TOUS LES JOURS !

On en revient à l'idée d'y aller progressivement dans le changement de ses habitudes. Il est évident que si tu changes tout du jour au lendemain, te mettre à faire 1h de sport par jour si tu n'en faisais pas du tout, te mettre à ne manger que des choses que tu n'aimes pas en te disant que tu vas perdre plus vite, je te garantis que ça aura exactement l'effet inverse !

Tu tiendras quelques temps, puis la motivation te lâchera et tu reviendras à la case départ parce que tu n'auras pas pris le temps d'adapter tes nouvelles habitudes à toi, à ce qui te convient, à ce que tu aimes faire sans que ça soit vécu comme une corvée !

Tu peux aussi trouver un(e) ami(e) qui est dans le même état d'esprit que toi et qui sera là pour te soutenir en cas de défaillance de motivation ou pour t'embarquer pour faire du sport les jours de démotivation !

Si tu as cerné les situations qui mettent à mal ta motivation, tu peux alors essayer de trouver tes astuces pour les contrecarrer :

- Beaucoup d'invitations : 0 alcool et prends un petit peu de tout sans te resservir (ou choisis-en une qui soit ton Cheat Meal hebdo)
- Beaucoup de restos : 0 alcool + entrée éventuelle légère + plat léger + 0 dessert (ou choisis-en un qui soit ton Cheat Meal hebdo)
- Beaucoup de cochonneries à la maison : enlève les toutes, tout simplement !

Je déculpabilise d'avoir craqué

Oh là là…j'ai craqué !

Et tout de suite après, tu te sens coupable, tu te fais un tas de reproches et te vient même l'envie de tout abandonner…voilà le cercle vicieux entamé !

ON RELATIVISE !

On l'a vu, l'équilibre alimentaire et la reprise d'une activité physique sont des changements profonds qui demandent du temps et de l'effort alors même si tu craques, ne te flagelle pas et surtout n'abandonne pas ! Ca s'appelle juste être humain et ça serait vraiment dommage de ruiner tous tes efforts pour un petit écart !

En te reprenant dès le repas suivant cet écart n'aura aucun impact sur ta perte de poids (comme le Cheat Meal d'ailleurs)…encore faut-il que ces écarts ne se produisent pas tous les jours car c'est que quelque chose ne fonctionne pas…ennui ? stress ? contrariétés ? tentations ? motivation ?

ON COMPENSE

Si tu as craqué mais que tu sais que ça n'aura aucune influence sur la balance, que se passe-t-il ? Rien justement ! Pour avoir l'esprit tranquille tu peux soit manger un peu plus léger au repas suivant (tout en restant dans l'équilibre protéines/féculents/légumes hein !) soit jouer sur le sport, soit les deux !

ON S'ORGANISE

En prévoyant tout ce que tu vas manger dans la journée il y a moins de chances que tu craques…prévois

- Ton petit déjeuner en le préparant la veille
- Ton déjeuner et ton dîner en piochant des recettes sur mon site ou d'autres
- Ta collation de l'après midi (saine)

Prépare toi un menu qui te plaît et qui te fait envie : si tu as envie de craquer à 15h mais que tu sais qu'un délicieux goûter t'attend tu auras plus de motivation à attendre un peu !

Bref, un craquage n'est qu'une toute petite erreur de parcours qui ne doit pas t'empêcher de continuer !

Enfin je me fais plaisir

On ne va pas se leurrer, même dans le cadre d'un rééquilibrage alimentaire ayant pour but de perdre du poids, il faut inclure le plaisir car sinon on ne peut pas tenir sur la distance! Qui a envie de passer son temps à manger sans saveur et tristounet? Personne!

Ne pas avoir ce que j'appelle les cochonneries industrielles à la maison (biscuits, chocolat, bonbons, apéro, etc.) ne veut absolument pas dire les bannir et de s'en passer à vie! Mais plutôt que de les voir comme des (mauvaises) habitudes, fais-en un vrai moment de fête ou va en déguster dehors lors d'une sortie ou de ton Cheat Meal...et savoure-le! Comme ça tu n'auras pas de pulsions irrésistibles puisque tu sais que tu pourras te faire (vraiment) plaisir ponctuellement.

C'est le fait de t'autoriser des aliments « plaisir » qui t'aidera à intégrer les bonnes habitudes alimentaires et à garder la motivation! C'est beaucoup plus facile d'être sérieuse toute la semaine quand tu sais que tu vas pouvoir te faire plaisir le weekend par exemple.

Choisis tes ingrédients pour allier plaisir et minceur!

- De la crème pour agrémenter tes plats...oui! mais à 4%MG
- Du fromage...oui! (mais en petites quantités, pas d'allégés)
- Des pépites de chocolat plutôt qu'une plaque (pas de tentations)

Je pense sincèrement qu'en préparant des repas équilibrés qui te font envie, et en t'autorisant un Cheat Meal (repas plaisir) par semaine c'est l'équation parfaite pour faire de ta perte de poids une réussite. Le poids atteint sur le long terme sera maintenu puisque cela se sera fait sans frustrations et sans souffrances!

Cuisiner est la façon la plus simple et naturelle de te faire plaisir, puisque c'est toi qui décides de ce que tu mets dans ton assiette!

Amuse-toi à « pimper » tes recettes avec des épices inhabituelles, des recettes inconnues etc…et surtout prends le temps de manger et de savourer ce que tu as préparé.

Psst…Tu peux même déguster un carré de vrai chocolat noir le soir devant la tv:

- Soit directement en bouche en le laissant fondre longuement
- Soit coupé en petits morceaux

Le maître mot ici est:

MANGE EN PLEINE CONSCIENCE ET PROFITE DU MOMENT PRESENT!

Je savoure ma victoire

Ca y est... enfin est arrivé le jour où tu as atteint ton objectif à force de motivation, de moral d'acier, et de persévérance... et malgré quelques craquages! Je n'ai qu'un seul mot à te dire: BRAVO

Ta silhouette a changé, tu te sens bien mieux dans tes vêtements, tu as repris confiance en toi... la vie est belle!

Mais (oui je sais, il y a toujours un « mais ») le défi qui t'attend maintenant est également de taille... c'est celui de ne pas reprendre le poids perdu en anéantissant tout ce travail accompli!

Une fois qu'on a atteint son objectif, on peut avoir tendance à relâcher ses efforts (c'est somme toute assez normal car on n'a plus rien à perdre) mais c'est bien là qu'il va falloir faire attention!

Ca ne devrait pas être difficile car si tu as suivi tous les conseils que je te donne dans ce livre, tu as acquis de bonnes habitudes alimentaires, une routine sportive ou juste augmenté ton activité physique, appris à aimer cuisiner et compris qu'il faut te faire plaisir avec modération!

Il te suffit donc de continuer avec ces bonnes habitudes, d'en trouver d'autres qui te correspondent pour ne pas te lasser et de faire une croix définitive sur ce qui t'avait fait prendre ces vilains kilos!

Maintenant tu as toutes les cartes en main pour profiter de ce nouveau corps, de ce nouvel état d'esprit et de ce nouveau mode de vie...(Youpiiiii, à toi les magasins!) Et tous les conseils qui marchent au cas où la vie, ses soucis, son stress te feraient reprendre quelques (petits) kilos.

Fais-toi confiance! Tu as réussi et tu réussiras encore si besoin!

J'espère que mes conseils t'auront aidée à voir tout ce qu'il y a au-delà de la perte de poids...mais n'oublie pas que ce n'est pas le poids qui détermine une belle personne!

Il ne me reste plus qu'à te laisser voler de tes propres ailes...

Affectueusement,

Liste des courses

FRUITS

LÉGUMES

ÉPICERIE

PROTÉINES

FÉCULENTS

AUTRES

PRODUITS LAITIERS

SUCRE

NOTES

Une journée dans mon assiette

PETIT-DÉJEUNER — Bowlcake façon Banofee Pie

Pour 1 Bowlcake
- 25g de semoule de blé fine crue (ou flocons d'avoine)
- 1 blanc d'œuf
- 80g de compote sans sucres
- 1 banane coupée en rondelles
- 1cs de Skyr
- 1 filet de Caramel au beurre salé

Régilait Dans un bol, mélanger la semoule (ou flocons) avec le blanc d'œuf et la compote puis faire cuire environ 2min30 au micro-ondes. Puis mettre dessus la banane, le Skyr et le Caramel juste avant de déguster!

DÉJEUNER — Quiche sans pâte Chèvre/Miel

Pour 4 personnes
- 85g de farine
- 3 œufs
- 350ml de lait écrémé
- 60g de fromage de chèvre frais
- Sel / poivre / muscade
- 2cc de miel
- 15g de pignons de pin

Préchauffer le four à 180°C
Mélanger la farine, les œufs, le lait, le fromage de chèvre et l'assaisonnement puis verser dans un plat allant au four. Parsemer avec les pignons de pin et enfourner pour 40min.
Lorsque la quiche est cuite, mettre 1 petit filet de miel dessus et déguster!

COLLATION — Cookies Moelleux Chocolat

Pour 8 cookies moelleux
- 45g de flocons d'avoine
- 30g de farine
- 18g de cacao non sucré (type Van Houten)
- 30g de miel
- 1 pincée de levure
- 1 œuf
- 1 banane écrasée
- 15g de pépites de chocolat

Mélanger d'abord tous les ingrédients secs puis ajouter tous les autres. Faire 8 cookies sur du papier sulfurisé sur une plaque allant au four puis enfourner 10min à 180.

DINER — One Pot Pasta façon Cheeseburger

Pour 5 personnes
- 200g de pâtes crues
- 2 steak hachés 5% MG
- 400g de tomates pelées en morceaux
- 400ml de bouillon de volaille
- 1 oignon et 1 gousse d'ail émincés
- 1cs d'huile d'olive
- 1cc de moutarde + 1cs de Ketchup
- Sel / poivre
- 40g de fromage râpé allégé

Dans un fait tout faire chauffer l'huile, faire dorer l'oignon et l'ail puis ajouter la viande hachée émiettée et la faire cuire environ 10min. Assaisonner, ajouter la moutarde, le ketchup, le kubor et laisser cuire 5min à feu doux.
Enfin rajouter les pâtes, les tomates, l'eau puis mettre sur feu fort jusqu'à ce que ça bout.
Baisser sur feu doux et laisser cuire à découvert pendant environ 25min (la sauce doit épaissir). Servir avec le fromage râpé.

J'espère que tu as envie de mettre en pratique toutes les astuces de ce livre et que tu as pu voir qu'on peut se faire plaisir tout en mangeant sain et équilibré !

Je serais ravie d'avoir ton retour, alors n'hésite pas à :

1) Te prendre en photo avec mon livre (c'est fun!)

2) Et/Ou en faire une publication dans le groupe, afin de pouvoir aider les autres à ton tour

3) Me laisser un gentil commentaire sur Amazon cela m'aiderait beaucoup (Merci d'avance !)

Si ce n'est pas déjà fait, je t'invite à me rejoindre :

Sur mon groupe Facebook : Petit Poi(d)s Gourmand, by Ambre

Sur mon compte Instagram : @petitpoidsgourmand

Sur mon site : petitpoidsgourmand.fr
(Retrouve plus de 200 recettes gratuites)

Scan ce QR Code pour voir tous mes livres sur Amazon :

A très vite,

Ambre

Copyright © 2022
petitpoidsgourmand.fr

AVIS DE NON-RESPONSABILITÉ :

Les informations fournies dans ces documents sont uniquement prévues à des fins éducatives. Je ne suis pas médecin ni diététicienne et cela ne doit pas être considéré comme un avis médical, de même que ce n'est pas un régime prescrit ni personnalisé.

Ces informations ne prescrivent pas d'interventions nutritionnelles pour traiter des maladies ou leurs symptômes de quelques formes que ce soit.

Les informations fournies dans ce livre sont basées uniquement sur mes propres expériences ainsi que mes propres interprétations de la recherche actuelle disponible pour aider à développer de saines habitudes alimentaires et d'exercice.

Les conseils et astuces donnés dans ce guide sont destinés uniquement aux adultes en bonne santé.

Je vous invite à consulter votre médecin pour vous vous assurer que les conseils et astuces donnés dans ce guide sont adaptés à votre situation personnelle.

Si vous avez des problèmes de santé ou des conditions préexistantes, veuillez consulter votre médecin avant de mettre en œuvre l'une des informations fournies ci-dessous.

Cet ouvrage est à titre informatif seulement et l'auteur n'accepte aucune responsabilité pour tout dommage, réel ou perçu, résultant de l'utilisation de ces informations.

Tous les droits sont réservés.

Aucune partie du présent ouvrage ne peut être reproduite, transmise, transcrite, stockée dans un système de récupération ou traduite dans n'importe quel langue, sous quelque forme que ce soit, sans l'autorisation écrite et la signature de l'auteur.

Pour plus d'informations, merci de consulter les conditions générales de vente ici : petitpoidsgourmand.fr/conditions-générales-de-vente/

Copyright © 2022
petitpoidsgourmand.fr

AVIS DE NON-RESPONSABILITÉ BIS :

ALLERGIES :

Cet ouvrage est un ouvrage de conseils généraux créé pour des personnes en bonne santé et n'ayant aucune contre-indications médicale.

- Si vous avez des allergies ou intolérances alimentaires (gluten/produits laitiers ou autres), du diabète ou n'importe quelle contre-indication médicale, vous êtes invité à demander l'avis de votre médecin traitant et d'avoir son aval avant d'appliquer les conseils donnés dans ce livre.
- Pour les allergies au gluten : veillez à prendre la version sans gluten des aliments proposés
- Pour les allergies au lactose : veillez à prendre la version végétale des aliments proposés

Je décline toute responsabilité concernant les éventuelles modifications apportées aux recettes selon les conditions médicales et/ou les besoins personnalisés des participantes et ne pourrait pas être tenue pour responsable des conséquences que lesdites modifications pourraient engendrer.

En cas de besoin d'ordre médical, il vous est recommandé de changer les ingrédients des recettes données par PETIT POIDS GOURMAND par leurs équivalents adaptés à votre situation personnelle.

Vous restez seul responsable de vérifier la qualité de votre alimentation et de vous assurer qu'elle respecte vos propres conditions médicales éventuelles.

REMERCIEMENTS

Merci à mes proches !

Ma maman, plus fidèle fan qui m'a transmis le goût de la cuisine,

Ma petite fille, testeuse officielle qui ne mâche pas ses mots,

Et tous ceux qui ont cru en moi et m'ont prouvé que c'était possible…
un grand merci du fond du cœur !

MENTIONS LEGALES :

Tous droits réservés. Toute reproduction ou utilisation de l'ouvrage sous quelque forme et par quelque moyen électronique, photocopie, enregistrement ou autre procédé que ce soit est strictement interdite sans autorisation expresse et écrite de l'auteur.

Auteur / Éditeur / Mise en page / Photographies :

© Ambre ALGERI, pour Petit Poi(d)s Gourmand, 2022

Dépôt Légal : Avril 2022

Achevé d'imprimer en Europe

Printed in France by Amazon
Brétigny-sur-Orge, FR